ARRÊTS NOTABLES

RENDUS PAR LA COUR ROYALE DE DIJON,

RELATIVEMENT AUX CRÉANCES

SUR ÉMIGRÉS,

AVEC UN PRÉCIS DES PLAIDOIRIES.

DIJON,

DOUILLIER ET Cie, LIBRAIRES, IMPRIMEURS DE LA COUR ROYALE.

1821.

AVIS.

Les poursuites qui ont été dirigées depuis quelque temps contre des émigrés, par quelques-uns des créanciers avec lesquels ils avaient contracté avant leur émigration, ont déjà fourni à plusieurs tribunaux l'occasion d'examiner la question de savoir si la mort civile qu'ont encourue les émigrés par les dispositions des lois révolutionnaires, et si la confiscation qui en a été la suite, n'ont pas eu l'effet de les affranchir des dettes par eux contractées antérieurement.

Cette question importante vient d'être soumise successivement à deux chambres différentes de la Cour royale de Dijon, et dans les deux chambres elle a reçu une solution affirmative, par deux arrêts des 12 et 24 avril, qui paraissent devoir fixer à cet égard la jurisprudence.

Les journaux de la capitale ont déjà rendu compte du dernier de ces arrêts; mais ils n'ont pu le faire que sur des notes retenues à l'audience ou écrites de mémoire, et par conséquent peu exactes. L'autre arrêt, celui du 12 avril, n'a point encore été publié, et cependant il n'est guère moins important que celui du 24, et ne décide pas moins formellement le principe de l'extinction absolue des créances sur les émigrés.

Nous avons donc cru qu'il serait important de réunir et de publier ensemble ces deux arrêts ; nous pouvons en garantir l'exactitude, ayant été autorisé à en prendre des extraits sur les registres mêmes de la Cour ; au reste, afin de rendre cette publication plus intéressante encore, MM. les avocats qui ont plaidé dans les deux affaires ont bien voulu nous donner un précis des faits de chaque cause et des discussions qui ont eu lieu à la barre de la Cour. Nous joignons ce précis aux motifs et aux dispositifs des deux arrêts. Ainsi, cette petite brochure peut être regardée comme un traité complet sur l'importante question que la Cour a décidée, et qui est soumise aujourd'hui à beaucoup de tribunaux du royaume.

PREMIER ARRÊT
RENDU PAR LA TROISIÈME CHAMBRE
LE 12 AVRIL 1821,

Entre le sieur PICARD, *ancien Négociant, demeurant à Metz, Appelant;*

Et le sieur Guillaume MALLARD, *ancien Capitaine au Régiment d'Austrasie, demeurant à Paray, Intimé.*

LE sieur Mallard, capitaine au régiment d'Austrasie, poursuivi en vertu d'un cautionnement qu'il avait fourni en 1788 pour un officier de son régiment, souscrivit le 17 février 1790, au profit du sieur Picard, créancier, une promesse de 6300 fr., contenant les diverses énonciations qui constituent une lettre-de-change, et payable le 21 juin de la même année. Cette lettre-de-change qui, d'après les faits qu'expose le sieur Mallard, n'en aurait que la forme et contiendrait une supposition de lieu, fut protestée à son échéance, le véritable débiteur n'en ayant pas fait les fonds, ainsi qu'il y était obligé par une contre-lettre; et le sieur Picard obtint des Juges-consuls de Paris une sentence par défaut, à la date du *31 décembre*, qui condamne le sieur Mallard alors absent, par toutes *voies* et même par *corps*, à payer le montant de cette promesse ou lettre-de-change.

Peu de temps après, le sieur Mallard fut porté sur la liste des émigrés; par suite ses biens furent confisqués au profit de l'Etat, et mis en vente.

Le sieur Picard a d'abord formé opposition à la vente, puis il s'est fait admettre au nombre des créanciers de l'Etat, conformément à la loi du 1.er floréal an 3; il a produit ses titres, a fait liquider sa créance, etc., mais il n'a pas jugé à propos de faire les poursuites ultérieures, nécessaires pour obtenir ou un payement réel, ou une inscription sur le grand-livre.

Rentré en France en vertu des lois d'amnistie, le sieur Mallard n'a pas recouvré la moindre partie de ses biens, parce que tout avait été vendu pendant son émigration.

Néanmoins, le sieur Picard espérant que la famille du sieur Mallard viendrait à son secours et ne le laisserait pas mourir en prison, a, le 30 juillet 1814, fait signifier à son débiteur la sentence du 31 décembre 1790, avec sommation de payer; et cette sommation a bientôt été suivie d'un commandement tendant à la contrainte par corps.

Le sieur Mallard y a formé opposition, sur le fondement que les lois pénales portées contre les émigrés les avaient nécessairement affranchis de l'action personnelle résultant des engagemens par eux contractés avant leur émigration.

Comme on avait, lors de la discussion de la loi du 5 décembre 1814, reconnu la nécessité de régler par une loi particulière les prétentions respectives des émigrés et de leurs créanciers, le Tribunal de Charolles, saisi de la contestation, crut ne devoir rien préjuger sur la question; et en conséquence, appliquant au sieur Mallard quoiqu'il n'eût reçu aucune restitution de biens, l'article 14 de la loi précitée, il ordonna qu'il demeurerait sursis jusqu'au 1.er janvier 1818 *à statuer* sur le mérite de l'opposition.

Sur l'appel, ce jugement a été confirmé dans *son dispositif* par un arrêt de la Cour royale de Dijon, du 28 août 1817.

Le sursis expiré, le sieur Picard a repris ses poursuites pardevant le Tribunal de Charolles; et ayant fait plaider entre autres moyens que le sieur Mallard ne pouvait s'appliquer le décret du 1.er floréal an 3, parce qu'il était *insolvable* au moment de son émigration, un jugement du 28 janvier 1820 a ordonné la preuve de ce point de fait.

Ce jugement n'a reçu aucune exécution de la part du sieur Picard; et la cause portée de nouveau à l'audience du 28 avril 1820, il est intervenu un jugement définitif qui annulle les contraintes, par ce motif que tous les biens du sieur Mallard ayant été vendus nationalement, il ne pouvait y avoir d'action contre lui, pour des dettes antérieures à son émigration.

Les moyens qui ont été plaidés sur l'appel sont, à quelques modifications près, les mêmes que ceux dont l'analyse précède le deuxième arrêt rapporté plus bas.

Après les plaidoiries, la Cour a reconnu que la cause présentait à décider les questions suivantes :

1.° L'arrêt du 28 août 1817 a-t-il préjugé en faveur de la demande de l'appelant contre l'intimé ?

2.° Le Tribunal de Charolles a-t-il bien statué en déchargeant l'intimé de l'obligation d'acquitter la dette qu'il avait contractée envers l'appelant avant l'émigration du premier?

Considérant, sur la première question, que l'arrêt du 28 août 1817 n'a rien prononcé qui préjuge la contestation agitée aujourd'hui entre les parties, contestation qui était restée pendante au Tribunal de Charolles; qu'il ne s'était agi en appel que d'une surséance; que la Cour n'a été ni saisie du fond, ni dans le pouvoir d'y prononcer, puisqu'il n'avait pas subi le premier degré de juridiction;

Considérant, sur la seconde question, que la loi du 28 mars 1793 a déclaré que les émigrés étaient bannis à perpétuité du territoire français, qu'ils étaient morts civilement, et que tous leurs biens étaient acquis à la république;

Que cette peine de mort civile, de bannissement perpétuel, de confiscation des biens, a assimilé les émigrés aux déportés chez les Romains et aux bannis à perpétuité du royaume : bannissement qui, d'après la jurisprudence admise, remplaçait parmi nous la déportation des Romains et en produisait tous les effets;

Que ces principes sont attestés par tous les jurisconsultes et par tous les publicistes, tels que *Voët, Chasseneux, Peregrinus, Hertius, le président Bouhier, Coquille*, et notamment par l'auteur du répertoire de jurisprudence, dont l'opinion est d'autant plus importante, qu'il a concouru aux actes de la législation sur les émigrés;

Que ce jurisconsulte s'expliquant sur la matière *(questions de droit*, v.° *inscription hypothécaire)* dit, en parlant d'une personne émigrée: « qu'au moyen de ce que l'Etat devient l'héritier universel de tous ses droits tant actifs que passifs, ses créanciers n'ont plus d'action contre elle; c'est, ajoute-t-il, ce qui résulte d'une foule de lois romaines qui reçoivent, comme on voit, une application directe et entière à l'émigré dont tous les biens ont été confisqués et mis sous la main du Gouvernement. L'émigré est donc personnellement quitte envers ses créanciers, comme l'est envers les siens un condamné à une peine emportant la mort civile. »

Considérant qu'il y a d'autant moins de difficulté à le penser ainsi, qu'une loi spéciale du 1.er floréal an 3 déclarait les créanciers des émigrés, créanciers directs de la République, à l'exception seulement de ceux des émigrés en faillite ou notoirement insolvables, ce qui n'était d'ailleurs qu'une conséquence nécessaire du bannissement perpétuel, de la mort civile et de la confiscation générale de tous les biens des émigrés;

Considérant que le sénatus-consulte du 6 floréal an 10, portant amnistie, ne contient aucune disposition qui soit en contradiction avec les lois anciennes, la jurisprudence française, on pourrait dire la jurisprudence universelle et les lois sur l'émigration : que la seule obligation imposée aux amnistiés est de ne pouvoir, en aucun cas et sous aucun prétexte, attaquer les partages des successions, présuccessions, ou autres actes et arrangemens faits entre la république et les particuliers avant la promulgation de cette loi; qu'il suit de là qu'il a confirmé au regard des émigrés tous les effets de la mort civile pour le passé, et qu'il n'a rendu les émigrés à l'état civil que pour l'avenir; que la décharge de l'obligation du débiteur émigré envers son créancier, antérieure à l'émigration, éteinte par la mort civile et par la confiscation générale de ses biens, a été maintenue; que l'action personnelle n'a pu revivre contre lui, et que cette action de la part du créancier, s'il n'a pas encouru la déchéance par sa faute, ne peut s'exercer que contre le confiscataire;

Considérant qu'il n'y a aucune raison de faire état dans la cause des dispositions législatives relatives aux prérogatives de délais des créanciers des condamnés, ou des inscrits mal à propos sur la liste des émigrés, à l'effet de prendre des inscriptions hypothécaires après les restitutions faites aux premiers, et la radiation des seconds; que la réintégration des premiers ou de leurs héritiers, et la radiation des seconds à titre de justice faisant revivre tous les droits de leurs créanciers sur les débiteurs rétablis dans tous leurs biens, il était de toute nécessité que ces créanciers fussent admis à des mesures conservatoires coordonnées avec le nouveau régime hypothécaire introduit pendant le séquestrat;

Que c'est encore vainement que l'appelant a voulu tirer avantage des dispositions du décret du 3 floréal an 11; que ce serait déjà une grande question que celle de savoir si un acte de cette nature pourrait, dans l'état de notre législation, porter atteinte aux lois générales et au droit commun de la France : que si on avait à discuter dans l'espèce de la cause les dispositions de ce décret, il ne serait pas impossible d'établir qu'elles ne sont applicables qu'aux créanciers des successions remises ou restituées aux émigrés rayés ou amnistiés en vertu de l'article 2 du même décret; que cette opinion aurait d'autant plus de poids qu'elle paraît être celle de l'ancien secrétaire général du conseil-d'état, qui a dû connaître mieux que personne l'esprit de ce décret;

Mais que toute discussion sur ce point devient superflue, puisqu'il est constant que cet arrêté n'est pas obligatoire pour les Tribunaux auxquels il n'a jamais été adressé; qu'il n'est pas porté au bulletin des lois; que l'article 12 de la loi du 8 vendémiaire an 4, et l'avis du conseil-d'état du 12 prairial an 13, qui subsistent encore dans toute leur vigueur, portent que les actes du Gouvernement ne sont obligatoires qu'autant qu'ils ont été adressés aux Tribunaux et publiés;

Que cette doctrine est spécialement professée par l'auteur du *répertoire de jurisprudence* dans son réquisitoire à la Cour de cassation, du mois d'août 1811, rapporté au mot *émigration*, tome 15, paragraphe 19;

Que cet auteur va beaucoup plus loin; que raisonnant dans l'hypothèse même où cet acte, qui ne contient que des mesures d'ordre pour l'administration, serait devenu obligatoire pour les Tribunaux, et revêtu des formalités qui lui manquent, cet arrêté ne porterait aucune atteinte aux dispositions des lois romaines et de la jurisprudence française, dans le sens de la restitution d'une partie des biens;

Considérant qu'il est inutile au surplus, dans l'espèce de la cause, de s'engager dans cette question et de décider si les biens invendus des émigrés ont été rendus à titre de grâce ou de justice; s'il y a une distinction à faire entre les émigrés rentrés par l'effet du sénatus-consulte de l'an 10, ou par suite de la restauration; qu'il est constant en effet dans la cause que la dette contractée par Mallard envers Picard, avait précédé l'émigration du premier; que les biens meubles et immeubles de celui-ci ont été vendus en totalité par suite de la confiscation prononcée contre les émigrés; que ses biens étaient plus que suffisans pour acquitter les dettes contractées par l'intimé avant qu'il eût quitté le territoire français; que la créance de l'appelant avait une date certaine avant l'émigration de Mallard; qu'il a dépendu de ce créancier d'obtenir son payement; que l'administration avait admis ses réclamations; qu'elle l'avait même renvoyé près la liquidation générale des dettes des émigrés, d'après les règles introduites; que si Picard n'a pas été payé, c'est parce qu'il ne l'a pas voulu; qu'il s'est exposé à la déchéance pour n'avoir pas suivi sa demande, et pour ne s'être pas conformé au décret du 25 février 1808; qu'il a été surabondamment mis en demeure par un préparatoire du Tribunal de Charolles, pour établir la prétendue insolvabilité de Mallard à l'époque de son émigration, insolvabilité alléguée dans le principe et abandonnée depuis;

Qu'il suit de là que le Tribunal de première instance a fait, par sa décision, une juste application des principes:

Par ces motifs,

La Cour, sans s'arrêter à l'appellation interjetée par Michel-Léon Picard, des jugemens rendus en la cause par le Tribunal civil de Charolles, les 28 janvier et 28 avril 1820, a mis et met ladite appellation à néant;

Ordonne que dont est appel sortira son plein et entier effet;

Condamne l'appelant en l'amende de 10 fr. et aux dépens de la cause d'appel.

DEUXIÈME ARRÊT

RENDU PAR LA PREMIÈRE CHAMBRE

LE 24 AVRIL 1821,

Entre M. Louis-Philibert-Joseph JOLY DE BÉVY, *ancien Président à mortier au Parlement de Bourgogne, demeurant à Dijon, Appelant;*

Et madame Jeanne-Marie DE CLERMONT-MONTOISON, *veuve de M.* Charles-Amable, *Marquis de la Guiche, demeurant à Paris, intimée et incidemment appelante.*

M. JOLY de Bévy, président au parlement de Bourgogne, a émigré en 1791, et n'est rentré en France qu'en 1814 avec le Roi légitime.

Alors, et en exécution de la loi du 5 décembre 1814, l'Etat lui a fait remise de quelques cantons de bois qui étaient les seuls fonds restant des biens considérables que M. de Bévy avait autrefois possédés.

Au moment de son émigration, M. de Bévy devait à M. de Rochefort un capital de 30,000 l., restant du prix de sa charge.

M.me la marquise de la Guiche, étant aux droits de M. de Rochefort, voulut profiter de cette remise pour obtenir le payement de sa créance.

M. de Bévy prétendit que M.me de la Guiche n'avait aucune action contre lui, et refusa ce payement.

En conséquence, il fut traduit par M.me de la Guiche au Tribunal de première instance, où il est intervenu, le 30 août 1820, un jugement qui ordonna, « avant faire droit, que dans le délai de trois mois, M. de Bévy produirait un état détaillé de tous les biens meubles et immeubles dont le Gouvernement s'était emparé par suite de la confiscation prononcée contre lui comme étant inscrit sur une liste d'émigrés, en donnant à chaque article dudit état la valeur vénale de 1790, lequel état comprendrait en outre les dettes actives dont le Gouvernement s'était indûment emparé ;

« Qu'à la suite du même état, M. de Bévy désignerait aussi, par articles, tous les biens qui lui ont été rendus en exécution de la loi du 5 décembre 1814, en donnant aussi à chaque immeuble la valeur de 1790 ;

« Pour, à la vue dudit état que la dame de la Guiche pourrait contester dans le délai de trois mois à dater de la signification qui lui en serait faite, être statué ce qu'il appartiendrait. »

Par cette décision, le Tribunal préjugeait que M. de Bévy serait tenu de payer une partie de sa dette, dans la proportion de la valeur des biens qui lui avaient été remis.

M. de Bévy a interjeté appel de ce jugement, parce qu'il a prétendu ne devoir plus rien à M.me de la Guiche; celle-ci, de son côté, a interjeté aussi appel incidemment, en ce qu'on ne lui avait pas adjugé la totalité de sa créance.

La Cour a été saisie de cette double appellation, et les parties sont venues plaider devant elle.

Pour M. le président de Bévy on a dit : La mort civile retranche de la *cité* l'homme qui en est frappé, et elle produit les mêmes effets que la mort naturelle.

« Par la mort civile le condamné perd la propriété de tous les biens qu'il possédait ; sa succession est ouverte au profit de ses héritiers auxquels ses biens sont dévolus, de la même manière que s'il était mort naturellement et sans testament. (1) »

Le condamné perd la propriété de tous les biens qu'il possédait : il est donc affranchi de ses dettes, car les dettes sont une charge des biens, et les créanciers ne peuvent exercer utilement des actions contre un homme qui n'a pas de biens.

Sa succession est ouverte au profit de ses héritiers auxquels ses biens sont dévolus, de la même manière que s'il était mort naturellement et sans testament. Les actions des créanciers passent donc contre les héritiers, car par l'ouverture d'une succession il s'opère une *novation forcée* qui résulte de la substitution des héritiers à la personne du défunt : *hæreditas nihil aliud est, quàm successio in universum jus quod defunctus habuerit.* (2)

Ces règles sont confirmées par la décision de Paul : *Cùm civitas amissa est, nulla restitutionis æquitas est adversùs eum, qui amissis bonis et civitate relictâ, nudus exulat.* (3)

(1) Art. 25 du Cod. civil.
(2) L. 62. ff. *de reg. juris.*
(3) L. 7, §. 3, ff. *de capite minutis.*

L'action passe, dit Ulpien, à ceux qui ont obtenu les biens : *dabitur planè actio in eos, ad quos bona pervenerunt eorum.* (1)

Elles sont aussi confirmées par la législation française sur le fait de l'émigration.

La loi du 28 mars 1793, art. 1er, porte :

« Les émigrés sont bannis à perpétuité du territoire français ; ils sont *morts civilement ; leurs biens sont acquis à la république.* »

La loi du 25 juillet 1793, art. 13, porte :

« Toute procédure intentée contre les émigrés, pour raison de leurs dettes passives, demeure *éteinte.* »

La loi du 1er floréal an 3, art. 1er, porte :

« Les créanciers des émigrés sont déclarés créanciers *directs* de la république. »

La première des lois citées frappe les émigrés de mort civile, et confisque leurs biens au profit de l'Etat.

La seconde décide que l'action personnelle à leur égard est éteinte.

La troisième décide que l'Etat est passible de cette action personnelle, parce que, à raison de la confiscation, il est *loco hæredis.*

L'action personnelle contre le mort civilement est éteinte d'une manière si absolue qu'un émigré qui aurait amassé en pays étranger une nouvelle fortune n'aurait pu être actionné par les créanciers envers lesquels il s'était obligé en France avant sa condamnation.

« *Hertius*, dans son ouvrage intitulé : *Dis-*

(1) L. 2, eod. tit.

sertatio, seu satura rerum quæ ad jus spectant singularium, ch. 5, décide, dit Merlin, qu'un négociant de Florence, condamné à une peine emportant la confiscation générale de ses biens, s'étant réfugié dans le royaume de Naples, et y ayant amassé, par son industrie, une nouvelle fortune, ne peut pas, dans ce pays, être actionné par les créanciers envers lesquels il s'était obligé à Florence avant sa condamnation : *Mercurii, mercatoris Florentini, bona à magno duce confiscantur, is abhinc in regnum neapolitanum se confert, et, ut erat callidus, brevi loculentas divitias corrodit. Convenitur igitur hìc à creditoribus ob æs alienum quod Florentiæ contraxerat, is contrà se ampliùs teneri negat : nostro judicio rectè.*

» Cette décision reçoit, comme l'on voit, une application directe et entière à l'émigré dont tous les biens ont été confisqués et mis sous la main du Gouvernement. *L'émigré est donc personnellement quitte envers ses créanciers, comme l'est envers les siens le condamné à une peine emportant la mort civile.* » (1)

Mais cette action personnelle, éteinte par la mort civile des émigrés ou plutôt par l'*ouverture de leurs successions* qui a été le resultat de la mort civile, a-t-elle pu renaître contre eux ensuite de l'ordonnance du 21 août 1814, qui les a rendus à la vie civile?

(1) Quest. de droit, *verbo inscrip. hypoth.*, §. 1.er; voy. aussi rép., tom. 15, *verbo* émigré.

C'est demander en d'autres termes si l'ordonnance du 21 août 1814 a replacé les émigrés au même état où ils étaient avant leur émigration.

C'est demander si l'ordonnance du 21 août 1814 a aboli les effets de la mort civile *pour le passé;* si elle a fermé les successions qui avaient été déclarées ouvertes; si d'après ses dispositions les émigrés sont réputés n'avoir jamais encouru la mort civile.

Or cette ordonnance, art. 1er, répond à toutes ces questions; elle porte : « Toutes les inscrip-
» tions sur les listes d'émigrés et encore sub-
» sistantes à défaut d'élimination, de radia-
» tion, ou d'exécution des conditions im-
» posées par le sénatus-consulte du 6 floréal
» an 10, ou à quelqu'autre titre que ce soit,
» *sont et demeurent abolies* A COMPTER DU
» JOUR DE LA PUBLICATION DE LA CHARTE
» CONSTITUTIONNELLE. »

Cela veut dire :

Les émigrés ont encouru légalement la mort civile.

Leurs successions ont été légalement ouvertes.

Elles ont été recueillies légalement par l'Etat qui, par le fait de la confiscation, s'est mis à la place de leurs héritiers.

Les émigrés ont été légalement déliés de leurs engagemens par la mort civile, qui est le simulacre de la mort naturelle.

L'Etat a été légalement chargé de leurs dettes.

Ils recommenceront une *nouvelle vie* qui n'aura point d'antécédens, et qui ne prendra date *que du jour de la publication de la charte constitutionnelle.*

Voilà, en propres termes, ce que dit l'ordonnance royale.

Elle confirme d'une manière positive les lois des 28 mars et 25 juillet 1793, et celle du 1.er floréal an 3: il faut donc toujours exécuter ces lois à l'égard des émigrés et de leurs ci-devant créanciers, et par conséquent décider que les actions de ces créanciers n'ont pu renaître puisqu'ils trouvent toujours sur leurs pas la tombe qui politiquement renferme leurs débiteurs, et le fisc qui les a représentés et les représente encore au moyen de ce qu'il *reste saisi de leurs successions.*

Mais la loi du 5 décembre 1814, qui fait *remise* aux émigrés de leurs biens non vendus, ne tient-elle pas un autre langage que l'ordonnance royale ?

Non, car par l'article 1.er elle dit : « Sont » maintenus et sortiront leur plein et entier » effet, *soit envers l'Etat, soit envers les tiers,* » tous jugemens et décisions rendus, tous » actes passés, *tous droits acquis avant la pu-* » *blication de la charte constitutionnelle, et* » *qui seraient fondés sur des lois et des actes* » *du Gouvernement relatifs à l'émigration.* »

Ce qui veut dire aussi :

Les émigrés ont encouru légalement la mort civile.

Leurs successions ont été légalement ouvertes.

Elles ont été légalement recueillies par l'Etat qui, par le fait de la confiscation, s'est mis à la place de leurs héritiers.

Les émigrés ont été légalement déliés de leurs engagemens par la mort civile, qui est le simulacre de la mort naturelle.

L'Etat a été légalement chargé de leurs dettes.

En effet, maintenir *tous droits acquis avant la publication de la charte constitutionnelle, et qui seraient fondés sur des lois et des actes du Gouvernement relatifs à l'émigration;* c'est maintenir envers l'Etat, envers les émigrés, envers les tiers, les résultats des lois des 28 mars, 25 juillet 1793 et 1.er floréal an 3, et par conséquent *l'extinction de l'action personnelle contre les émigrés.*

Qu'est-ce donc que cette remise de biens non vendus, accordée aux émigrés par les art. 2, 3 et suivans de la loi citée ?

C'est un don, c'est un acte de munificence; ce n'est point et ne peut point être une restitution.

« La loi du 5 décembre 1814, dit Merlin, n'est qu'une loi de grâce; elle ne considère pas *comme non avenues*, les confiscations des biens qu'elle rend aux émigrés ou à leurs héritiers: *elle suppose au contraire, que ces confiscations ont dû avoir et ont eu tout leur effet*, et elle se borne à donner main-levée pour l'avenir. Cela est si vrai qu'elle débute dans son art. 1.er par maintenir, *soit envers l'Etat, soit envers les tiers, tous les droits acquis avant la charte constitutionnelle, en vertu des lois sur l'émigration.* Et ce qui vient encore singulièrement à l'appui de cette idée, c'est que sur la proposition du rapporteur du projet de loi à la chambre des Députés, et pour faire d'autant mieux sentir, comme il le disait lui-même, que la loi n'était autre chose *qu'un acte de pure munificence*, les mots *sont restitués* ont été remplacés dans l'art. 2, par les mots *sont rendus.* » (1)

A cette décision de notre moderne Dumoulin, nous pouvons joindre celle de la Cour de cassation elle-même.

« Attendu, dit cette Cour, que lors de la promulgation de la loi du 5 décembre 1814, le domaine de l'Etat se trouvait *propriétaire légal* des biens qui avaient été confisqués sur les émigrés, et qui n'avaient été vendus ni aliénés par suite des lois sur l'émigration; que la loi du 5 décembre a bien fait cesser, du moment où elle a été publiée, tous les effets de la confiscation sur lesdits biens, *mais qu'elle ne les a pas abolis pour le passé, de manière à faire considérer ces biens comme n'étant jamais sortis des mains des anciens propriétaires;* que ce fut même pour écarter les doutes qui auraient pu s'élever à cet égard, que le mot *restitué* qui se lisait dans le projet de la loi du

(1) Supplément aux quest. de droit, *verbo confiscation*, pag. 87.

5 décembre, en fut retranché pour y substituer le mot *rendu;* qu'il ne peut donc être question de *restitution* dans l'application de la loi du 5 décembre 1814, et encore moins de *restitution en entier;* d'où il suit que les biens confisqués sur les émigrés et réunis au domaine de l'Etat, qui ont été rendus par ladite loi, NE L'ONT ÉTÉ RÉELLEMENT QU'A TITRE DE LIBÉRALITÉ. » (1)

Les émigrés n'ayant obtenu aucune *restitution* sont à l'abri de toute *action personnelle* de leur *chef;* voyons maintenant s'ils en sont tenus comme *donataires* de l'Etat ou comme ayant *succédé* à l'Etat relativement aux biens non vendus.

La question se réduit à ces termes simples: L'Etat était-il débiteur envers les créanciers des émigrés à l'époque de la *remise* ou donation des biens non vendus?

S'il était débiteur, il est réputé avoir transmis les biens donnés *avec leurs charges,* et l'émigré doit à sa place.

S'il n'était point débiteur, l'émigré ne doit rien.

Or, l'Etat avait cessé d'être débiteur envers les créanciers des émigrés à l'époque du 5 décembre 1814. Les biens qu'il possédait et qu'il a transmis à ceux-ci, étaient affranchis de toutes espèces de dettes.

Nous disons que l'Etat avait cessé d'être débiteur envers les créanciers des émigrés à l'é-

(1) Voy. *idem,* arrêt Duclaux, pag. 89.

poque de la remise, et la chose par elle-même est assez claire.

Les lois *relatives à l'émigration* avaient imposé aux créanciers des émigrés l'obligation de déposer leurs titres dans un certain délai, pour que leurs créances fussent liquidées et payées, *sous peine de dechéance.*

Ces délais ont été prorogés par plusieurs lois et *indéfiniment* par celle du 24 frimaire an 6 qui a relevé, par l'article 34, les créanciers des déchéances précédemment encourues; mais par un décret du 25 février 1808, la déchéance a été formellement acquise contre ceux qui n'auraient point été liquidés au 1.er janvier 1810; et pour que ces créanciers fussent bien convaincus qu'ils ne seraient point payés s'ils ne remplissaient pas l'obligation que leur avaient imposée les lois précédentes, il déclara : « Art. 1.er La direction générale de » liquidation *sera dissoute au 1.er janvier* » *1810.*

« Art. 2. Elle devra avoir prononcé, avant » cette époque, sur toutes les demandes en » liquidation actuellement pendantes. »

Ce décret a reçu son exécution.

Les créanciers qui ont produit leurs titres ont été *payés.*

Ceux qui ne les ont point produits ont été *évincés.*

Les uns et les autres avaient perdu contre l'Etat *toute espèce d'action.*

Ils ne pouvaient dès-lors en avoir contre les émigrés comme *donataires* de l'Etat, puisque ceux-ci, ainsi que nous l'avons démontré, ne pouvaient être tenus de leurs dettes anciennes que comme représentant l'Etat, et dans le cas seulement où l'Etat, à l'époque de la remise des biens, aurait encore été débiteur.

Mais, objecte-t-on, comment concilier ces principes avec le sénatus-consulte du 6 floréal an 10, l'arrêté du Gouvernement du 3 floréal an 11, la jurisprudence des arrêts qui ont accordé action contre les émigrés pour leurs anciennes dettes, et avec l'art. 14 de la loi du 5 décembre qui semble l'accorder encore en disant : « Il sera sursis jusqu'au 1.er janvier 1816, à toutes actions de la part des » créanciers des émigrés sur les biens remis » par la présente loi : lesdits créanciers pourront néanmoins faire tous les actes conservatoires de leurs créances. »

Rien n'est plus aisé.

A l'époque de l'an 10 et de l'an 11, l'Etat avait payé beaucoup de dettes; il en restait encore beaucoup à acquitter.

A l'époque de l'an 10 et de l'an 11, l'Etat *était débiteur.* Il était impossible qu'il pût rendre compte à chaque émigré de la fortune qu'il avait au moment de la confiscation; d'ailleurs il ne le voulut point : maître des conditions de l'amnistie, il consentit à leur remettre leurs biens non vendus; et en même temps il leur dit : Je ne vous réclame rien pour les dettes que j'ai acquittées en votre nom; mais vous payerez celles non encore liquidées et éteintes, je m'en décharge à votre préjudice : les tribunaux appliquant ces lois d'après leur véritable esprit, ont condamné les émigrés qui ont profité de la remise des biens non vendus, *à payer le restant de leurs dettes*, et ils ont bien jugé.

A l'époque de 1814, l'Etat ne devait plus rien, il a fait remise des biens non vendus dont il était propriétaire, et les émigrés possédant aux conditions qu'il possédait *lui-même*, sont libérés comme il l'était *lui-même :* on n'a pas pu les charger expressément ou tacitement de dettes qui étaient éteintes, de dettes qui ne pouvaient plus engendrer d'action.

Quant à l'art. 14 de la loi du 5 décembre, il n'est point applicable aux émigrés amnistiés en 1814.

Pour qu'il leur fût applicable, il faudrait soutenir que le Gouvernement a abrogé les lois qui prononçaient la déchéance au profit du fisc contre les créanciers des émigrés, qui avaient négligé de déposer leurs titres. Or ce serait mettre cet article en contradiction formelle avec l'art. 1.er qui maintient envers l'Etat, les émigrés et les tiers, tous les droits acquis par suite des lois *relatives à l'émigration*, par conséquent tous les droits *acquis* en vertu des lois qui ont prononcé des déchéances contre les créanciers des émigrés, car ce sont aussi des lois *relatives à l'émigration*.

D'ailleurs l'art. 14 n'est *attributif* d'aucuns droits; il n'a eu pour objet d'en *conférer* aucuns; il n'est que *déclaratif* des droits *préexistans :* concluons de là qu'il n'a été fait que pour les créanciers des émigrés qui ont été amnistiés *par les lois antérieures* à l'ordonnance du 21 août 1814; que pour les créanciers qui ont été *renvoyés par les lois des 6 floréal an 10, et 3 floréal an 11, à se pourvoir contre leurs anciens débiteurs*, auxquels il est aussi fait remise par la même loi des biens que l'Etat s'était *réservés*, et nullement à ceux qui, par leur propre fait, ont encouru la déchéance, et ont perdu irrévocablement cette qualité.

Les principes exposés ci-dessus restent donc dans toute leur force, et M. de Bévy, en les invoquant, doit être revoyé des demandes de Mme de la Guiche.

Pour Mme de la Guiche on a dit : M. de Bévy se prévaut envain de la mort civile et de la confiscation dont sa personne et ses biens ont été frappés par les lois sur les émigrés, de la prétendue déchéance encourue par Mme de la Guiche, et de la remise sans condition que l'Etat a faite à M. de Bévy de ses biens non vendus. Il est de principe qu'une obligation une fois contractée, ne peut être éteinte que par le payement réel ou par les autres faits équivalant à payement, auxquels le droit commun attache l'effet d'éteindre les obligations.

Le mort civilement étant capable de tous les contrats qui tiennent au droit des gens, il s'ensuit que l'action directe et personnelle qui existait contre lui à raison de contrats de ce genre, n'en subsiste pas moins depuis sa mort civile; à la vérité elle est vaine et illusoire, parce qu'il cesse d'être sous la main du créancier, et qu'il est privé de tout par l'effet de la confiscation ; mais il ne cesse pas d'être débiteur personnellement tant que la dette n'est pas acquittée, et son retour à la vie civile et à la possession de quelques biens, loin d'éteindre l'action lui donne plus de consistance.

Le sénatus-consulte du 6 floréal an 10 a amnistié tous les émigrés, à l'exception de ceux nommément portés sur une liste exceptionnelle sur laquelle le nom de M. de Bévy n'a pas été inscrit ; cette loi de son aveu a imposé aux émigrés la condition de payer leurs créanciers, ainsi que le prouvent d'ailleurs des arrêtés réglementaires, des décrets et la jurisprudence constante ; il n'a pas dépendu de M. de Bévy de renoncer au bénéfice de cette amnistie et de la restitution partielle des biens qui l'accompagnait, pour ne pas subir la charge qui y était attachée de payer ses créanciers ; du moins son refus n'a pu nuire aux droits qui résultaient de cette législation en faveur de ses créanciers. Ainsi dès ce moment les créanciers de M. de Bévy ont acquis le droit de recourir contre lui pour le payement de leurs créances.

D'ailleurs la loi du 5 décembre 1814, en vertu de laquelle M. de Bévy a repris la possession de ses biens non vendus, a reconnu formellement ce droit acquis aux créanciers de recourir contre leurs débiteurs amnistiés et restitués, puisqu'elle a prononcé un simple sursis à leurs actions, et les a autorisés à faire tous actes conservatoires.

La cause ainsi discutée a présenté les questions suivantes à résoudre:

1.° Les émigrés rendus à la vie civile par l'ordonnance royale du 21 août 1814 sont-ils personnellement passibles des dettes par eux contractées avant leur émigration ?

2.° Les mêmes émigrés rentrés en vertu de l'ordonnance de 1814, et à qui il a été rendu des biens par suite de la loi du 5 décembre 1814, sont-ils tenus au payement de ces mêmes dettes comme détenteurs des biens précédemment hypothéqués à ces dettes ?

Vu les lois des 28 mars 1793 art. 1.er, 25 juillet 1793 art. 13, 1.er floréal an 3 art. 1er, 24 frimaire an 6 art. 34 et suivans, le sénatus-consulte du 6 floréal de l'an 10, l'arrêté du Gouvernement du 3 floréal an 11, le décret du 25 février 1808 sur la liquidation de la dette publique, l'ordonnance royale du 21 août 1814, et enfin la loi du 5 décembre 1814;

Sur la première question,

Considérant que, par la loi du 28 mars 1793, les émigrés ont été déclarés morts civilement et leurs biens confisqués au profit de l'Etat; que les lois postérieures, et notamment le décret du 28 vendre 9 qui en a éliminé un grand nombre, le sénatus-consulte du 6 floréal an 10 qui a amnistié tous ceux qui rentreraient sur le territoire français dans un temps donné et sous certaines conditions, et enfin l'ordonnance du 21 août 1814 qui a définitivement aboli toutes les inscriptions sur la liste des émigrés, n'ont détruit les effets de la mort civile encourue par les émigrés que pour l'avenir et du jour où ces différentes lois ont été rendues, d'où suit la conséquence que la mort civile ayant réellement existé dans le temps intermédiaire entre l'inscription et la radiation, il faut rechercher quels ont été ses effets vis-à-vis des émigrés : or, il est de principe que la succession des morts civilement est ouverte, et que si elle n'eût pas été frappée de confiscation, leurs héritiers naturels l'eussent recueillie comme s'ils étaient morts naturellement ; et comme il est constant que les héritiers naturels, en appréhendant la succession, eussent été tenus de toutes ses charges, il s'ensuit que l'Etat qui, par la confiscation, s'est mis à leur place, est de même tenu de toutes ces charges ; d'ailleurs, tous les jurisconsultes qui ont écrit sur la matière, d'accord en cela avec les lois romaines, décident que la mort civile, suivie de confiscation de biens, libère entièrement celui qui l'a encourue des dettes par lui contractées antérieurement, et que ses créanciers n'ont de recours que contre le confiscataire; et cet avis est aussi celui de l'auteur du répertoire de jurisprudence, ainsi qu'il l'a établi par une foule de citations, en son 15e volume, au mot *émigration*, et en ses questions de droit, au mot *inscription hypothécaire*, dans l'affaire du Sr de Crollebois ;

Considérant que cette doctrine est encore d'accord avec les lois qui régissent plus spécialement la matière : en effet, la loi du 25 juillet 1793 déchargeait les biens des émigrés de toutes les dettes et hypothèques qui les grevaient, et celle du 1.er floréal an 3 déclarait les créanciers des émigrés créanciers directs de l'Etat, et leur ordonnait de produire leurs titres dans un certain délai pour être liquidés; dès-lors il y a eu, par la volonté irrésistible du législateur, novation dans la créance; et quand même la mort civile n'aurait pas déchargé de ses dettes celui qui l'avait encourue, l'émigré en aurait été déchargé par l'effet de la loi du 1.er floréal an 3, puisqu'elle donnait positivement un nouveau débiteur au créancier de l'émigré, puisqu'elle éteignait toutes les actions personnelles ou réelles, relativement aux émigrés; qu'elle défendait aux créanciers de poursuivre devant les Tribunaux celles commencées, ou d'en intenter de nouvelles. Fut-il jamais novation plus formelle et plus clairement exprimée!

Considérant que l'article 12 de l'arrêté du 3 floréal an 11, en admettant *les créanciers des émigrés rayés, éliminés ou amnistiés, à demander leur liquidation, s'ils prétendent que leurs débiteurs n'ont reçu aucune restitution de biens, ou qu'ils n'en possèdent pas de suffisans pour les payer*, a implicitement décidé que toute action personnelle était éteinte contre ces émigrés; car si elle fut restée à ces créanciers contre leurs anciens débiteurs, comme ceux-ci pouvaient revenir à meilleure fortune et être en état de payer leurs dettes, l'Etat ne se serait pas obligé à liquider les créanciers;

Considérant que la loi du 5 décembre 1814, en rendant aux émigrés leurs anciennes propriétés non aliénées par le fisc, a, par son article premier, maintenu de plus fort toutes les lois et tous les actes du Gouvernement relatifs à l'émigration; d'où suit la conséquence que les anciens créanciers des émigrés, devenus créanciers du fisc par la loi du 1.er floréal an 3, sont restés tels et ne sont pas devenus créanciers des émigrés, ainsi que l'établit tout aussi doctement M. Merlin dans la même affaire Crollebois; d'où suit encore la conséquence qu'ils n'ont aucune action personnelle contre ces émigrés, et qu'ils ne peuvent s'adresser qu'au fisc, si toutefois, par l'effet de quelques lois, ils n'ont pas encouru la déchéance qui, étant une espèce de prescription, leur enlève définitivement tout droit.

Sur la seconde question,

Considérant que les émigrés rendus à la vie civile par l'effet de l'ordonnance de 21 août 1814, ne peuvent, comme détenteurs de leurs anciennes propriétés, être tenus d'acquitter les dettes par eux contractées avant leur mort civile qu'autant que l'Etat, confiscataire, y aurait lui-même été tenu à cette époque, et qu'autant qu'en leur remettant, par la loi du 5 décembre 1814, les biens invendus qui leur avaient autrefois appartenu, le législateur leur aurait imposé l'obligation d'acquitter les dettes qui les avaient autrefois grevés;

Considérant qu'à l'époque du 21 août 1814 l'Etat n'était plus obligé au payement des dettes des émigrés; et, en effet, si l'Etat, comme confiscataire, était, à l'époque des confiscations, naturellement tenu de ces dettes, s'il en était tenu en vertu des lois sur l'émigration, et notamment en vertu de celle du 1.er floréal an 3, qui avait déclaré les créanciers des émigrés créanciers directs de l'Etat, cette obligation avait par lui été soumise à l'accomplissement de quelques obligations dont le défaut devait opérer sa libération; ces obligations étaient la remise des titres de créance, afin que soumis à une commission de liquidation, ils fussent par elle vérifiés pour être ensuite payés, et ce sous peine de déchéance, si, dans un délai déterminé, cette production n'était pas faite : délai d'abord fixé à un terme très-court, ensuite prorogé et enfin fixé définitivement par le décret du 25 février 1808, au 1.er janvier 1810, jour auquel la commission de liquidation était dissoute, et les créanciers qui ne s'étaient pas fait liquider, définitivement déchus de leur créance;

Considérant dès-lors que l'Etat n'a plus été tenu à aucune des dettes des émigrés, dès-lors ceux des biens qui leur avaient appartenu étaient entièrement libres entre ses mains; dès-lors, en les donnant aux émigrés, il leur en a fait remise dans le même état où il les possédait lui-même; et l'Etat étant libéré, les émigrés qu'il a mis en son lieu et place le sont comme lui;

Considérant que vainement prétend-on tirer quelqu'argument du sénatus-consulte du 6 floréal de l'an 10, ou plutôt de l'arrêté du Gouvernement du 3 floréal an 11, et de la jurisprudence admise par quelques Cours et par celle de cassation. A l'époque de ce sénatus-consulte et de cet arrêté, les créanciers des émigrés avaient l'intégrité de leurs droits; l'Etat était leur débiteur, et le législateur pouvait certainement, en amnistiant les émigrés, leur imposer l'obligation d'acquitter tout ou partie de leurs dettes. La jurisprudence des arrêts était donc fondée en droit alors, c'est ce qui est savamment établi par M. Merlin dans le quinzième volume de son répertoire, au mot *émigration;* mais ce qui était légal alors ne le serait plus; l'Etat, en 1814, n'était plus obligé envers les créanciers, et les émigrés qui sont à ses droits ne sont pas plus obligés que lui.

Tout aussi vainement exciperait-on de l'article 14 de la loi du 5 décembre 1814. D'abord cet article n'est attributif ni même récognitif d'aucun droit; il ne fait que suspendre les actions de ceux qui pourraient avoir des droits. Ainsi, sous ce rapport, on pourrait dire qu'il ne préjuge rien; mais comme cette loi toute politique, toute de grâce et de faveur, faisait remise à tous les inscrits quelconques sur les listes des émigrés, de la totalité des biens encore dans les mains du fisc; ne faisait aucune distinction des émigrés injustement mis sur la liste et rayés sur la production de certificats de résidence, d'émigrés éliminés, amnistiés, ou enfin de ceux rendus à la vie civile par l'ordonnance du 21 août 1814, il résulte de ce qui vient d'être dit plus haut que ces divers émigrés étant dans des catégories différentes, les créanciers des uns pouvaient avoir quelques droits à exercer pendant que les créanciers des derniers définitivement déchus n'en avaient plus aucuns.

Enfin nous avons dit qu'il faudrait qu'en leur faisant remise de ces biens invendus, le législateur leur eût imposé l'obligation d'acquitter les dettes qui les avaient autrefois grevés. Mais loin qu'on puisse voir dans la loi rien d'où on puisse induire même indirectement cette obligation, tout, au contraire, y répugne; car l'article 1.er, *en maintenant soit envers l'Etat, soit envers les tiers, toutes décisions, tous actes passés, tous droits acquis avant la publication de la charte, et qui seraient fondés sur des lois ou actes du Gouvernement relatifs à l'émigration*, a évidemment maintenu de plus fort le décret du 25 février 1808, qui déclarait les créanciers déchus, et dès-lors le législateur n'a pu avoir l'intention d'obliger les émigrés rendus à la vie civile par l'ordonnance du 21 août 1814, à payer des dettes qui n'existaient plus : pour le faire, il faudrait qu'il eût d'abord révoqué le décret du 25 février 1808 et autres lois qui ont libéré l'Etat; qu'il eût relevé de la déchéance ceux des créanciers qui l'avaient encourue, et ensuite qu'il eût nominativement chargé les émigrés de désintéresser ces créanciers, ce qui serait contradictoire avec l'article 1.er de cette loi : loin de là, tout son ensemble montre que le législateur a fait et voulu faire une remise de grâce, une pure libéralité sans aucunes conditions, un acte de munificence avec des biens libres de toutes charges qui lui appartenaient légalement, et dont il pouvait disposer comme il le voulait; c'est d'ailleurs ainsi que la Cour de cassation a interprété cette loi par son arrêt de 1819 dans l'affaire Duclaux.

Concluons donc de tout ce que dessus, que les émigrés rendus à la vie civile par l'ordonnance du 21 août 1814, ne sont tenus ni personnellement, ni comme détenteurs des biens dont ils avaient été autrefois propriétaires, d'acquitter les dettes dont ils étaient grevés avant leur mort civile.

Par ces motifs,

LA COUR, sans s'arrêter à l'appellation interjetée par J.-M. Clermont de Montoison, veuve du marquis de la Guiche, du jugement rendu en la cause par le Tribunal de première instance de Dijon le 31 août 1820, met icelle à néant;

Faisant droit sur l'appellation interjetée par Louis-Philibert-Joseph Joly de Bévy dudit jugement, met ladite appellation et ce dont est appel à néant;

Et, par nouveau jugement, renvoie Joly de Bévy des demandes, fins et conclusions de la marquise de la Guiche, et condamne celle-ci aux dépens des causes principale et d'appel, ainsi qu'en l'amende de dix francs;

Ordonne la restitution de l'amende consignée sur l'appellation du sieur de Bévy.

www.ingramcontent.com/pod-product-compliance
Lightning Source LLC
LaVergne TN
LVHW021635170726
843501LV00007B/2228

* 9 7 8 2 3 2 9 6 5 1 9 6 5 *